Être différent c'est merveilleux.

Écrit par
SHARON PURTILL

Illustrations de
SUJATA SAHA

Être différent c'est merveilleux.

Un livre illustré à propos de diversité et de bonté

Écrit par Sharon Purtill
Illustrations de Sujata Saha
**Traduction de Heather Frye, Charlotte Dupé
et Malak Ben Abdallah.**

Publié par Dunhill Clare Publishing - Ontario, Canada
Copyright 2020 Dunhill Clare Publishing
dunhillclare@gmail.com
Édition Française
Révisé en avril 2023

Tous droits réservés. Il est interdit de reproduire, d'enregistrer ou de diffuser, en tout ou en partie, le présent ouvrage par quelque procédé que ce soit électronique, mécanique, photographique, sonore, magnétique ou autre, sans avoir obtenu au préalable l'autorisation écrite de l'éditeur, excepté pour les "analyses et les courtes citations justifiées par le caractère critique, polémique, pédagogique, scientifique ou d'information."

Édition Grand Format	ISBN	978-1-989733-58-5
Édition de poche	ISBN	978-1-989733-59-2
Édition digitale epub	ISBN	978-1-989733-60-8
Édition digitale mobi	ISBN	978-1-989733-61-5

Catalogue avant publication de Bibliothèque et Archives Canada

Être différent c'est merveilleux.

Ce livre est dédié à chaque
enfant qui a le courage d'être
lui-même et apprécie
la diversité du monde.

Nous sommes tous différents.

Sais-tu que chaque
personne est différente ?

C'est vrai !

Comment saurions-nous qui est qui,
si tout le monde se ressemblait ?

et d'autres faire de la randonnée.

Certains enfants aiment danser

Certains enfants construisent des tours de briquettes.

D'autres aiment changer la couleur de leurs chaussettes.

Nous sommes tous différents.

Certains ont les cheveux blonds et la peau claire.

D'autres enfants sont tout le contraire.

Certains sont **grands**
et d'autres moins.

Nous sommes tous différents.
Certains enfants excellent
en mathématiques
et d'autres enfants préfèrent
les arts plastiques.

Nous sommes tous différents. Certains enfants, pour mieux voir, portent des lunettes. Certains parlent avec une voix fluette.

Nous sommes tous différents.

Certains enfants ont des lunettes, des béquilles, le bras en écharpe ou un fauteuil roulant, mais il ne faut pas se moquer d'eux pour autant.

Même si on n'a pas le même comportement ni la même apparence, une chose est sûre, en toute évidence. Chaque enfant est unique, une personne comme TOI.

car de leur point de vue,
tu l'es tout autant.

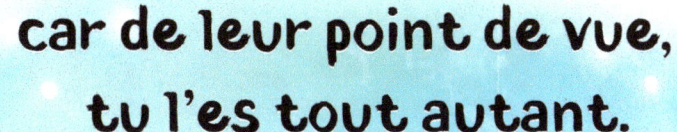

Souviens-toi, il n'y a pas
de mal à être différent.

C'est merveilleux d'être toi-même !

Tu es fait pour être différent.

Être différent c'est merveilleux.

Connais-tu des personnes qui ne sont pas comme toi ?

Si tu as déjà remarqué vos différences, peut-être qu'ils l'ont aussi remarqué.

Qu'est-ce qui les rend différents de toi ?

Que fais-tu pour être gentil avec cette personne ?

Aussi par Sharon Purtill

www.ingramcontent.com/pod-product-compliance
Lightning Source LLC
Chambersburg PA
CBHW061117070526
44583CB00027B/3322